Reiner Kunze / Der Kuß der Koi / Prosa und Fotos / S. Fischer

Reiner Kunze

Der Kuß der Koi

Prosa und Fotos / S. Fischer

Buchgestaltung: die Basis, Wiesbaden
Litho: Eder GmbH, Ostfildern
Druck: Aumüller Druck KG, Regensburg
Bindung: Großbuchbinderei Lachenmaier GmbH, Reutlingen
Printed in Germany
ISBN 3-10-042021-7

Die Seele ernährt sich von dem, was sie erfreut.

Aurelius Augustinus

… das Leben um uns herum dürfte an Komplexität und Schönheit alles übertreffen, was der Menschheit jemals begegnen wird.

Edward O. Wilson

In einem Winkel der Welt weiß ich einen Teich, und in dem Teich euch, die Koi. *Meine* Koi, denn wir haben einander gezähmt.

Auf die Frage des kleinen Prinzen, was »zähmen« bedeutet, antwortet der Fuchs: »… sich vertraut machen.« Wir haben uns vertraut gemacht.
»Du wirst für mich einzig sein in der Welt. Ich werde für dich einzig sein in der Welt«, sagt der Fuchs zum kleinen Prinzen.

Ihr seid für mich einzig.

Ich kann mich an euch nicht sattsehen! Ihr stammt von den Wildkarpfen ab, sagen die Ichthyologen, die alles wissen, was Menschen über Fische wissen können. Wie die Wildkarpfen, sagen sie, habt ihr zum Beispiel keinen Magen, und das können sie beweisen, denn sie haben in euch hineingeblickt.
Auf die Frage, wieso ihr, wenn ihr von den Wildkarpfen abstammt, dann so schön seid, zucken sie jedoch verlegen mit den Schultern, denn in die Schönheit kann man nicht hineinblicken.

Das Weiß des weißen Koi – ein makelloses spiegelndes Schneeköniginnenweiß! Ein Weiß, das weißtrunken macht und farbensüchtig zugleich. Schwimmt ein Rot vorüber, überzieht den Fisch ein Blütenschimmer, als sei er ein rosablühender Bauernrosenstrauch, und dem Gelb im Schwarm wirft er Hunderte winziger Zitronenechos zu.
Das Marienkäferrot des Koi mit dem einen schwarzen Punkt auf der Oberlippe – kein Rot des Sommers könnte es an Pracht überbieten! (Der schwarze Punkt erinnert an das »Ja-nein, Ja-nein« der Kinder, die abzählen, ob der Marienkäfer ihnen Glück bringt, und die, wenn ein »Nein« herauskommt, in umgekehrter Reihenfolge von vorn beginnen. Mir genügt der eine Punkt, denn ich beginne mit »Ja«.)
Der Koi in Weiß und Gelborange, der fast schuppenlose mit der Seidenhaut – ihr Glanz liebkost das Auge und bannt es.

Der braune Koi mit den hellblauen Rückenfeldern und blaugesäumten Flossen! Ein Meister, der sein Schuppennetz knüpfte, ein Verschwender, der es füllte mit Altgold und Aquamarinen!
Der Koi aus Lava, flammend und basaltschwarz – der Teich ein feuerspeiender Krater!
Der Teich ein Tresor, der himmelweit offensteht: Koigold im Barren, Schuppengold mit Pinienzapfenmusterziselierung, Schilde in Silber und Platin!
Der schwarze Koi mit dem orangenen Bauch – das Auge könnte schwören, er sei aus Samt genäht!
Ein Spielzeug aus der Hölle, um einen Engel zu bestechen.

Teichgast Hölderlin: »Der Mensch ..., der nicht wengistens *ein Mal* volle lautere Schönheit in sich fühlte, ... wird nicht einmal ein philosophischer Zweifler werden, sein Geist ist nicht einmal zum Niederreißen gemacht, geschweige zum Aufbaun.«

Der Teich ist mein Tisch, wenn es mich an keinem Tisch mehr hält. Auf ihm breite ich aus, was kaum noch zu ertragen ist, und ihr, die Koi, streicht durch, streicht durch, streicht durch.

Jedes Kohlenstoff- und Sauerstoffatom in unserem Körper sei im Innern eines Sterns entstanden und nach dessen Explosion in den interstellaren Raum geschleudert worden, bis es schließlich bei der Entstehung unseres Sonnensystems auf die Erde gelangt sei, behauptet ein Wissenschaftler. Wir irdischen Wesen bestünden »buchstäblich aus Sternenstaub«.
Blicke ich in den Spiegel, glaube ich dem Wissenschaftler den Staub, betrachte ich euch Koi, glaube ich ihm den Stern.

Nie sah ich einen Koi einen Koi angreifen, nie einen Koi vor einem Koi fliehen. Jede Art Regung, die als feindselig empfunden werden könnte, scheint eurem Wesen fremd zu sein. Demutshaltung, mit der der Schwächere um Schonung bittet, kennt ihr nicht.
Euer Dasein ist ein ruhiges Aufeinanderzu und Aneinandervorüber, ein Unter und Ober, Hin und Her von Farben und wohlgenährten Leibern, und wenn ihr flieht, flieht ihr zueinander.
Manchmal – meist in der Tiefe des Teiches und in Zeiten, in denen es nichts anderes zu tun gibt als zu sein – drückt ihr Maul auf Maul, als würdet ihr euch küssen, oder reibt die Mäuler aneinander. Auch sah ich, wie einer den anderen ausdauernd mit den Lippen betastete und dieser es sich gefallen ließ, als läge er vor Anker. Vielleicht ist die Ähnlichkeit mit unseren Liebkosungen zufällig, vielleicht aber auch nicht. Irgendwann sind unsere Urvorfahren aus dem Weltenwasser hervorgekrochen, und auch wir schwimmen vor der Geburt im Wasser.

Selbstverständlich seid ihr nicht, wie ihr seid, weil euch Vernunft oder die Sorge leitet, nach dem Tod nicht in Gottes Paradiesteiche zu kommen, aber ich habe kein anderes Wort für euer Verhalten als »friedfertig«. Eine wunderbare Friedfertigkeit geht von euch aus – Friedfertigkeit mit einem Schimmer Zärtlichkeit.

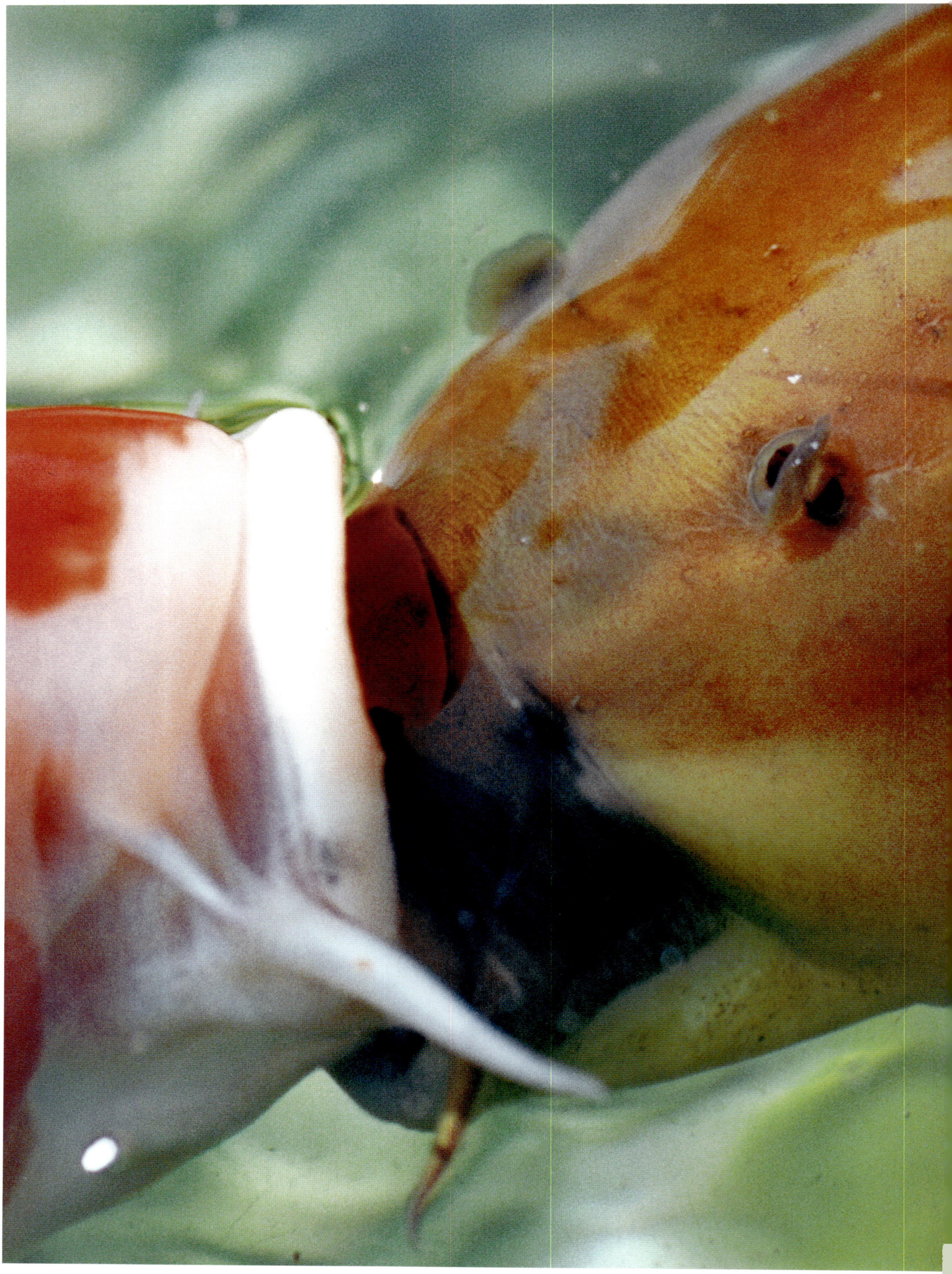

Der weiße Koi ist die Grande Dame des Teiches. Nie macht sie sich gemein. Wo andere sich drängen, schwimmt sie ihres Weges.

Die Oberlippe gespitzt, nimmt sie das Futter mit fast geschlossenem Maul. Ein Fisch, der nicht frißt, sondern speist.

Wären ihre Blicke Blicke eines Menschen, würde ich behaupten, sie blicke fragend, skeptisch, herablassend oder gekränkt. Sicher ist, sie blickt mich an, und ich möchte vor ihren Blicken bestehen.

Wer ihr Gesicht betrachtet, wird sich des Eindrucks nicht erwehren können, daß es Würde besitzt.

Obwohl wie sie von Geblüt, ist der goldfarbene Koi ein Maulaufreißer, ruppig und ungeschlacht. Wäre sie die Feldmarschallin, wäre er der Ochs von Lerchenau (wenn auch unvergleichlich sympathischer als dieser).

Die Dame in Gelb ähnelt ihr wie eine Zwillingsschwester – doch wo sie, Grande Dame, sich ein Herz zu fassen pflegt, zögert jene.

Auf den folgenden Seiten:
Grande Dame, »Ochs von Lerchenau« und Zwillingsschwester von Grande Dame

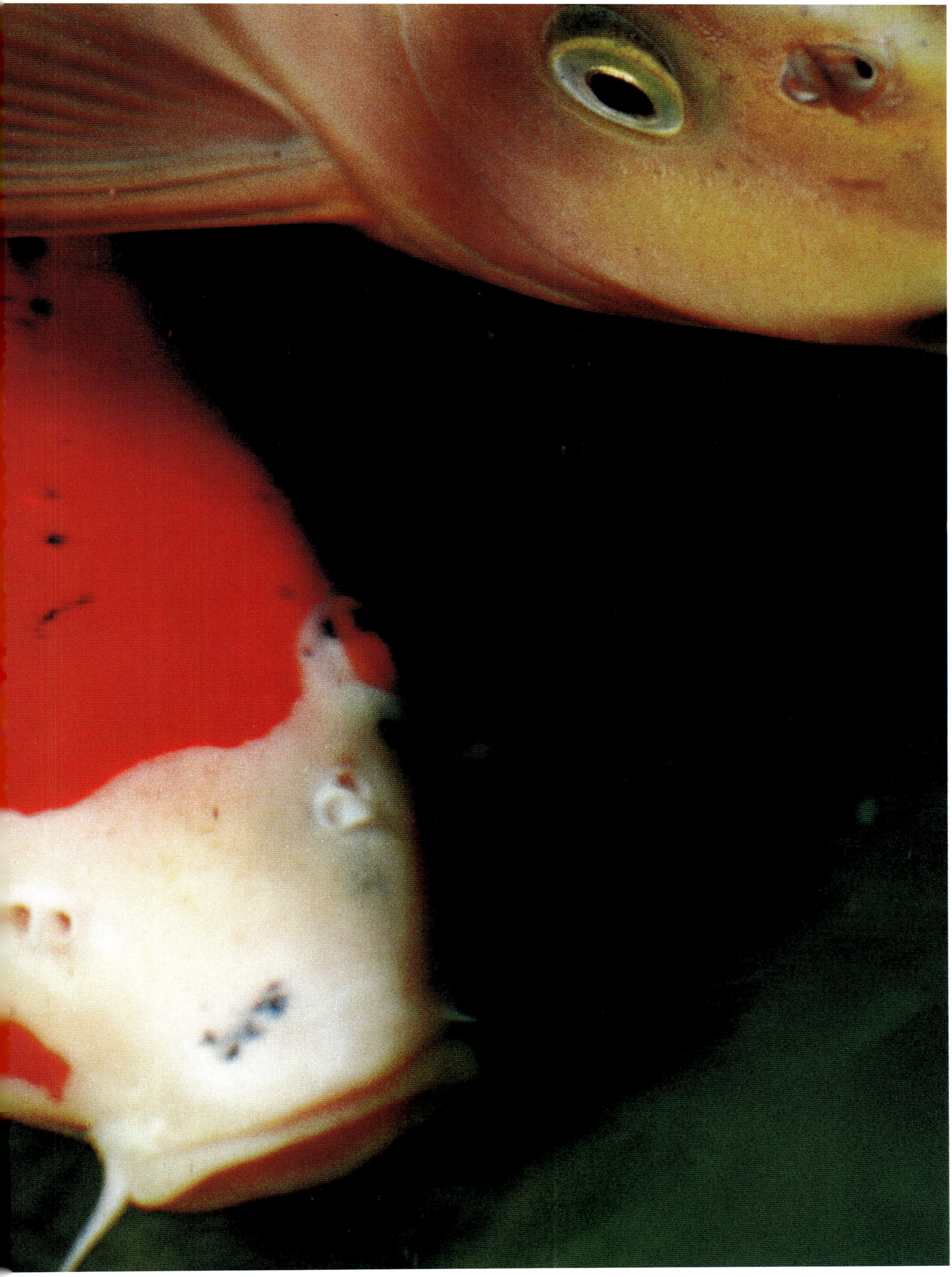

Die Kinder nennen Viktor den »Bunten«, denn er ist noch nicht völlig ausgefärbt und wirkt durch die vielen Zwischentöne bunter als ein erwachsener Koi seiner Art, deren Wappenfarben Weiß und Rot auf schwarzem Grund sind.
Victor ist von allen der Scheueste. Noch nie hat er aus der Hand gefressen. Doch während er früher einen großen Bogen um sie schlug, nähert er sich ihr jetzt bereits bis auf wenige Zentimeter. Einmal, als er die Fingerkuppen fast schon berührte, erschreckte ihn vermutlich mein Herz, so stark hatte es vor Erwartung zu schlagen begonnen.

Keiner der Koi hat eine ähnlich empfindliche Haut wie der Braune mit dem blauen Nacken. Als er in meine Obhut gelangte, schien sein Kopf mit dünnen Haarsträhnen bedeckt zu sein. Sie lagen kreuz und quer, als habe er sich soeben aus einem Kissen herausgewühlt. Ein Vierteljahr später war das »Haar« verschwunden – wahrscheinlich waren es Abdrücke eines Keschernetzes gewesen, durch das er mit dem Kopf hindurchgewollt hatte. Doch trug er nun einen etwas schrägen Schnauzbart, der wohl ein Hebemal war, das er sich an der Bruchkante eines allzu schweren Kieselsteins beigebracht hatte. Im Herbst, wenn das Wasser sich abkühlt, beginnen die gestochen scharfen Schuppenumrandungen des Braunen zu verblassen, und bei noch tieferen Temperaturen verschwinden sie vorübergehend völlig.

Ich verfütterte getrocknete Seidenraupenpuppen mit der Hand und kam kaum nach. Die einen Koi bildeten einen Pulk, die anderen schwammen Warteschleifen. Außer dem Braunen. Unbemerkt hatte er sich von der entgegengesetzten Seite genähert und stieß mit dem Maul gegen den Handrücken, so daß der Fisch, der von vorn gekommen war, erschrocken abdrehte. Dann dockte der Braune an einem Fingerknöchel an, sog sich an ihm fest und begann rückwärts zu schwimmen. Mit der Kraft eines Fisches von einem halben Meter Länge schleppte er die fütternde Hand ab wie einen gekaperten Frachtkahn.

Mitunter kommt der Braune zur Hand geschwommen, läßt sich mit der Brust auf der Handfläche nieder und wird schwer. Er ruht sich aus. Sein Vertrauen ist absolut.
Doch wehe, er fühlt sich genarrt oder beim Füttern übergangen! Selbst wenn dann zwischen Daumen und Zeigefinger eine Delikatesse lockt – er schwimmt vorüber und davon.

Er ist der Bergmann:

Unermüdlich schaufelt er das Kiesbett um, nach Koischätzen grabend. Taucht er auf mit schwarzem Gesicht, aus dem nur die Lippen und Augenteller hervorleuchten, könnte man meinen, er kommt aus der Grube. Bei den Mahlzeiten langt er zu wie ein Schwerstarbeiter – ohne jede Hast, aber mit Ausdauer.
Wenn die Sonne das Wasser endlich durchwärmt, ereignet sich an ihm ein Farbwunder. War er das Winterhalbjahr über schwarz wie ein Steinkohlenkumpel vor Ort, beginnen die Schuppen plötzlich hellblau zu glänzen, versilbern sich, changieren ins Amethystene, und hier und da zeigen sich Splitter von Rubinrot.
Im Sommer schürft er nach Erz und Edelsteinen.

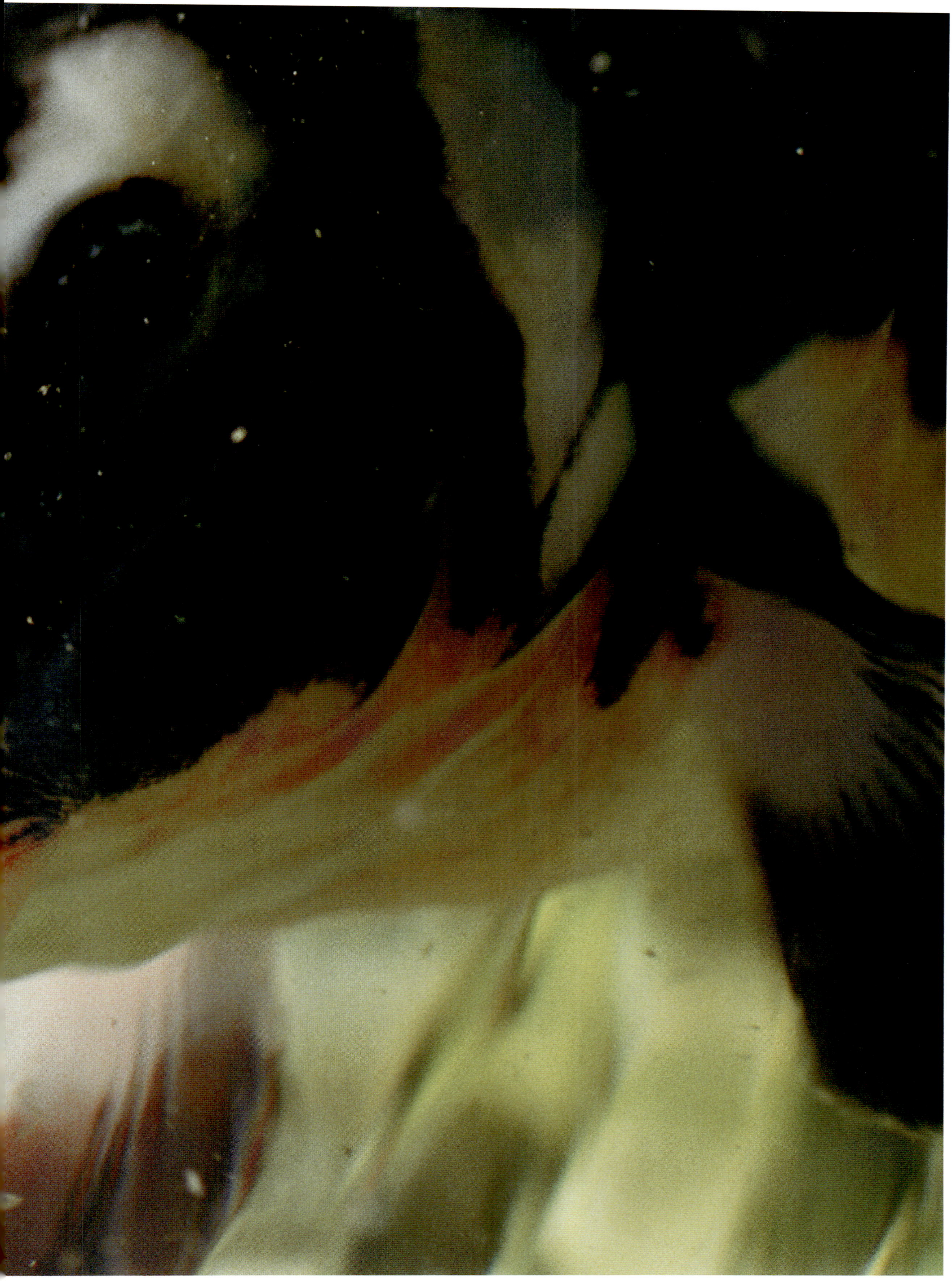

Die Koidame

mit dem mondänen schwarzen Blitz im Tüllschleier vor den Augen scheint einer Boutique von Dior entschwommen zu sein. Ihr Kleid ist von exklusiver Eleganz. Ich nenne sie die Pariserin. Leider benimmt sie sich ein wenig herrisch. Ist einer schneller an der angepeilten Futterperle als sie, schwimmt sie ihm, allen Koi-Verhaltensregeln zum Trotz, energisch nach, um sich in einer Kehrtwendung vor ihm zu positionieren und ihr extrem breites Lippenpaar in schnatternde Bewegung zu versetzen. Meist ignoriert man sie, doch einmal fuhr ihr einer im gleichen Lippenrhythmus übers Maul.

Der Schwarze mit dem gelborangenen Bauch hielt sich vom Tag seiner Ankunft an die meiste Zeit am Grund auf, als sei er kein Koi, sondern ein Wels. Zwischendurch aber sprang er wie ein Delphin, wozu er über den Kies zu schlingern pflegte, in weitem Bogen Fahrt aufnahm, senkrecht emporschnellte und in der Luft mit den Brustflossen schlug, als spendete er sich selbst Beifall. Auch konnte er wie eine Bisamratte mit dem Kopf über Wasser schwimmen und beim Fressen den dummen August spielen, indem er tat, als sei er zu ungeschickt, mit dem Maul Futterperlen einzufangen. Er trieb sie ans Ufer, wo
sie nicht mehr entkommen konnten und sich für ihn zu einer Perlenkette aufreihten. Seine bravouröseste Darbietung aber war ein Salto rückwärts, bei dem er vortäuschte, nicht er beherrsche das Salto, sondern das Salto beherrsche ihn. Er war der Teichakrobat, und zwar einer, der stets das Letzte zu geben schien: Nach jedem Kunststück trudelte er zwischen zwei Luftblasenschnüren in die Tiefe, setzte abrupt auf und atmete lange heftig.

Am Volkstrauertag des Jahres 2000 leuchtete auf dem Grund sein orangener Bauch, der sonst nur beim Springen zu sehen gewesen war. Der Schwarze lag auf der Seite, das Maul halb geöffnet. Am Morgen hatte er noch die Vorstellung mit den Perlen gegeben.

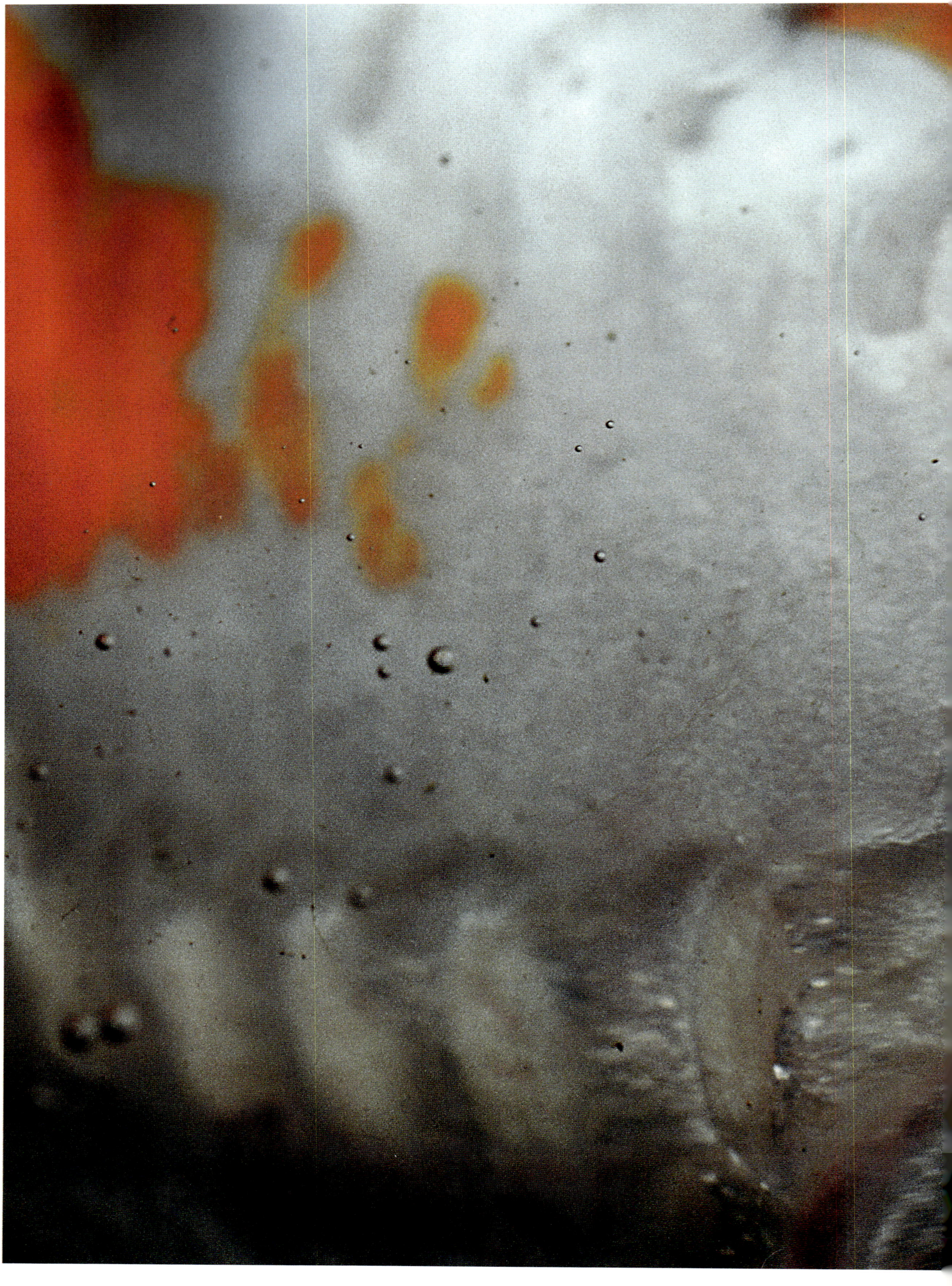

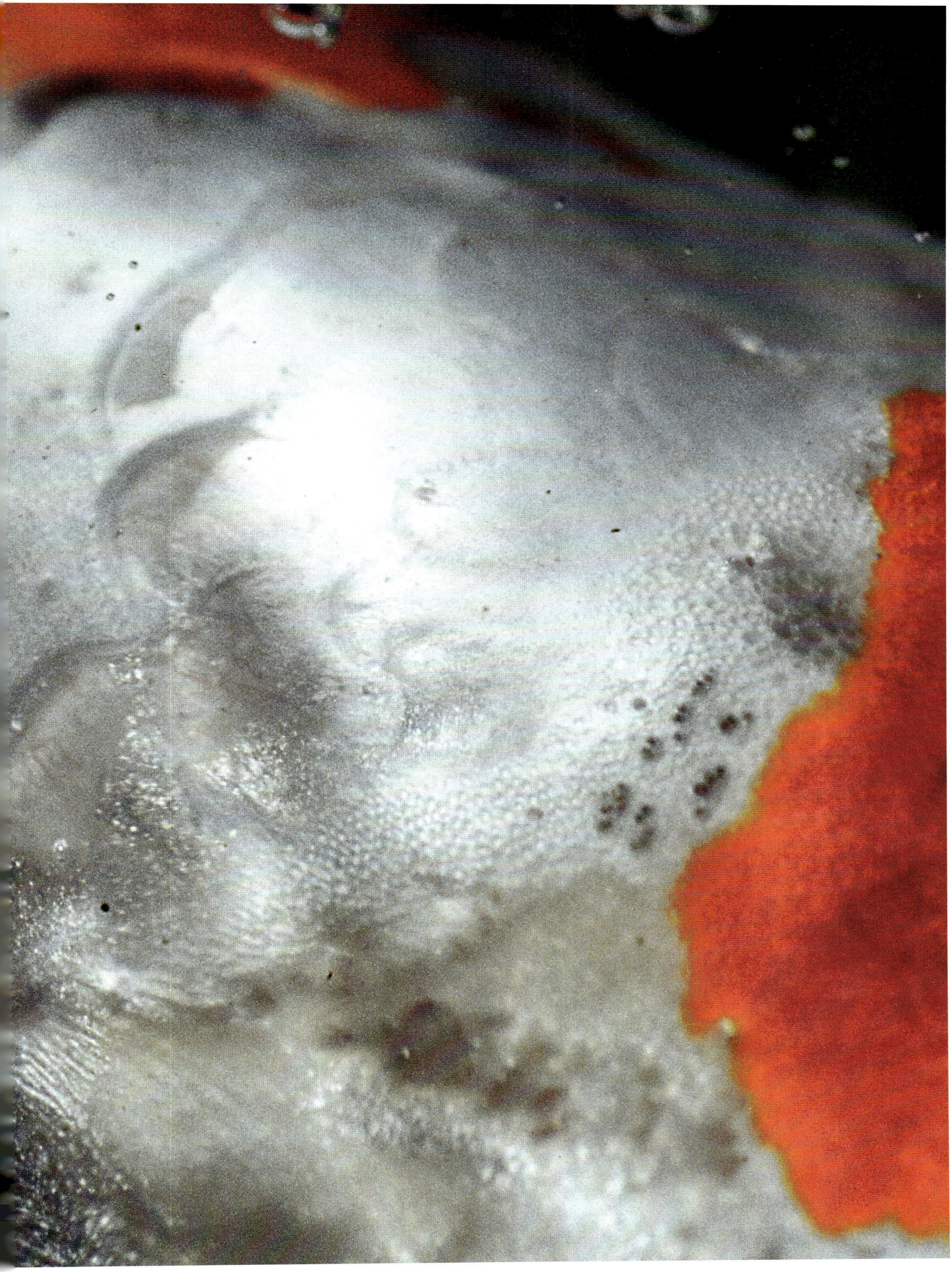

Gewiß gelänge es mir nicht in jedem Fall, mit verbundenen Augen zu erraten, welcher Fisch mir gerade aus der Hand frißt, aber danach, wie er es tut und wie sich sein Maul anfühlt, könnte ich mit einiger Sicherheit sagen, welcher es nicht ist. Der Goldfarbene läßt die Kiefer zusammenschnappen, der Weiß-Schwarze mit dem altchinesischen Zopfmal auf dem Hinterkopf hat ein Frotteemaul, und keiner berührt die Fingerkuppen so sanft wie der Braune.

»Die Seele des Tieres ist nicht teilhaftig eines ewigen Seins«, lehrt Thomas von Aquin. Über das »ewige Sein« zu befinden, fehlt mir die Kompetenz, aber wenn ich euch Koi ins Gesicht blicke, kommen mir, was unser grundsätzliches Anderssein betrifft, Zweifel. Mir gefällt, was Hans Jonas schreibt:

»In der lauten Entrüstung über den Schimpf, den die Lehre von der tierischen Abstammung der Würde des Menschen angetan habe, wurde übersehen, daß nach dem gleichen Prinzip dem Gesamtreich des Lebens etwas von seiner Würde zurückgegeben wurde. Ist der Mensch mit den Tieren verwandt, dann sind auch die Tiere mit dem Menschen verwandt und dann in Graden Träger jener Innerlichkeit, deren sich der Mensch, der Vorgeschrittenste ihrer Gattung, in sich selbst bewußt ist.«

Hans Jonas spricht vom »Reich der ›Seele‹ ... mit seinen Attributen des Fühlens, Strebens, Leidens [und] Genießens«.

Wer sich auf eure Gesichter einläßt, wird eingelassen werden, und wenn seine Seele nicht in einem Panzerhemd steckt, wird sie einer Seele begegnen.

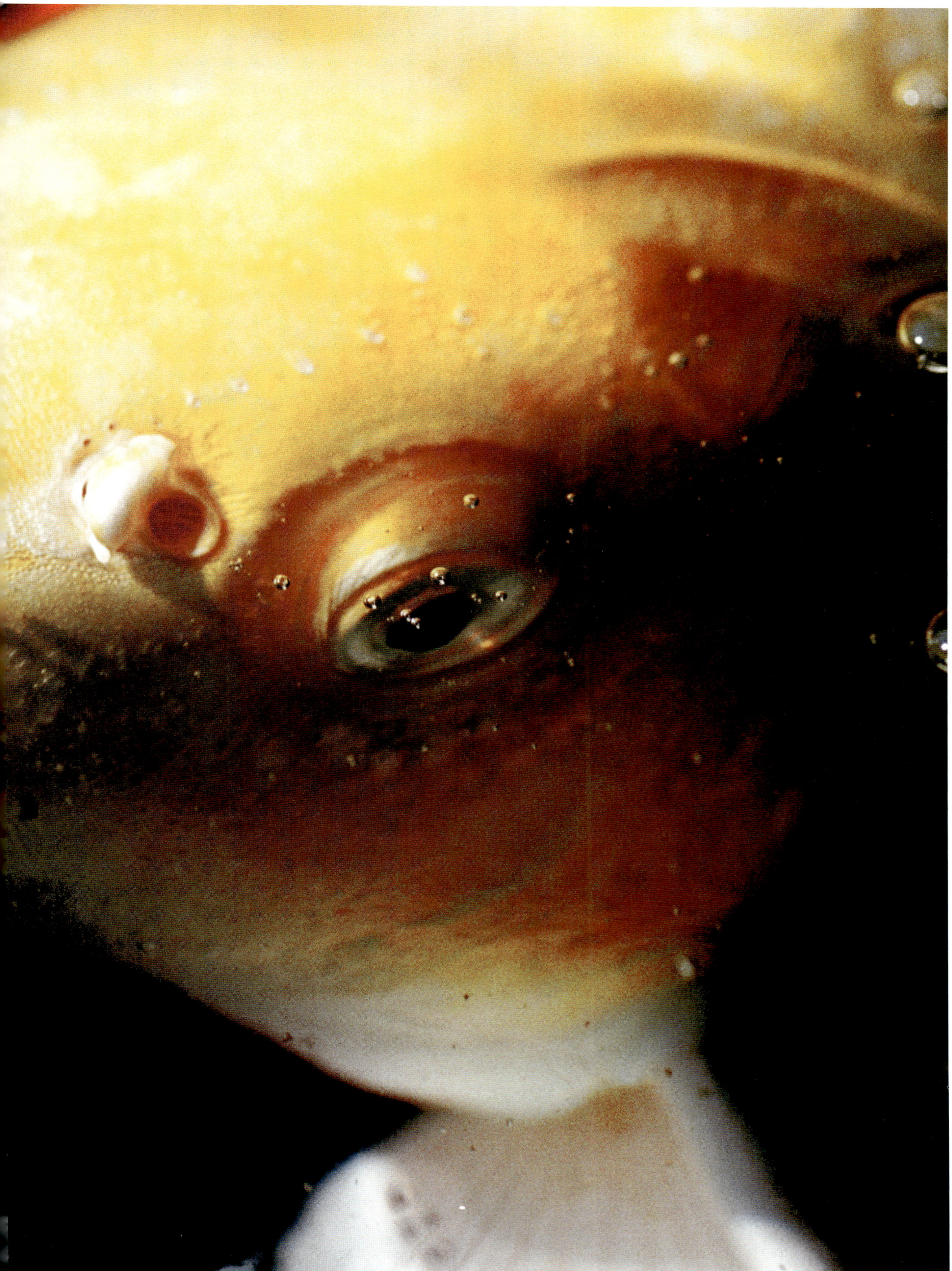

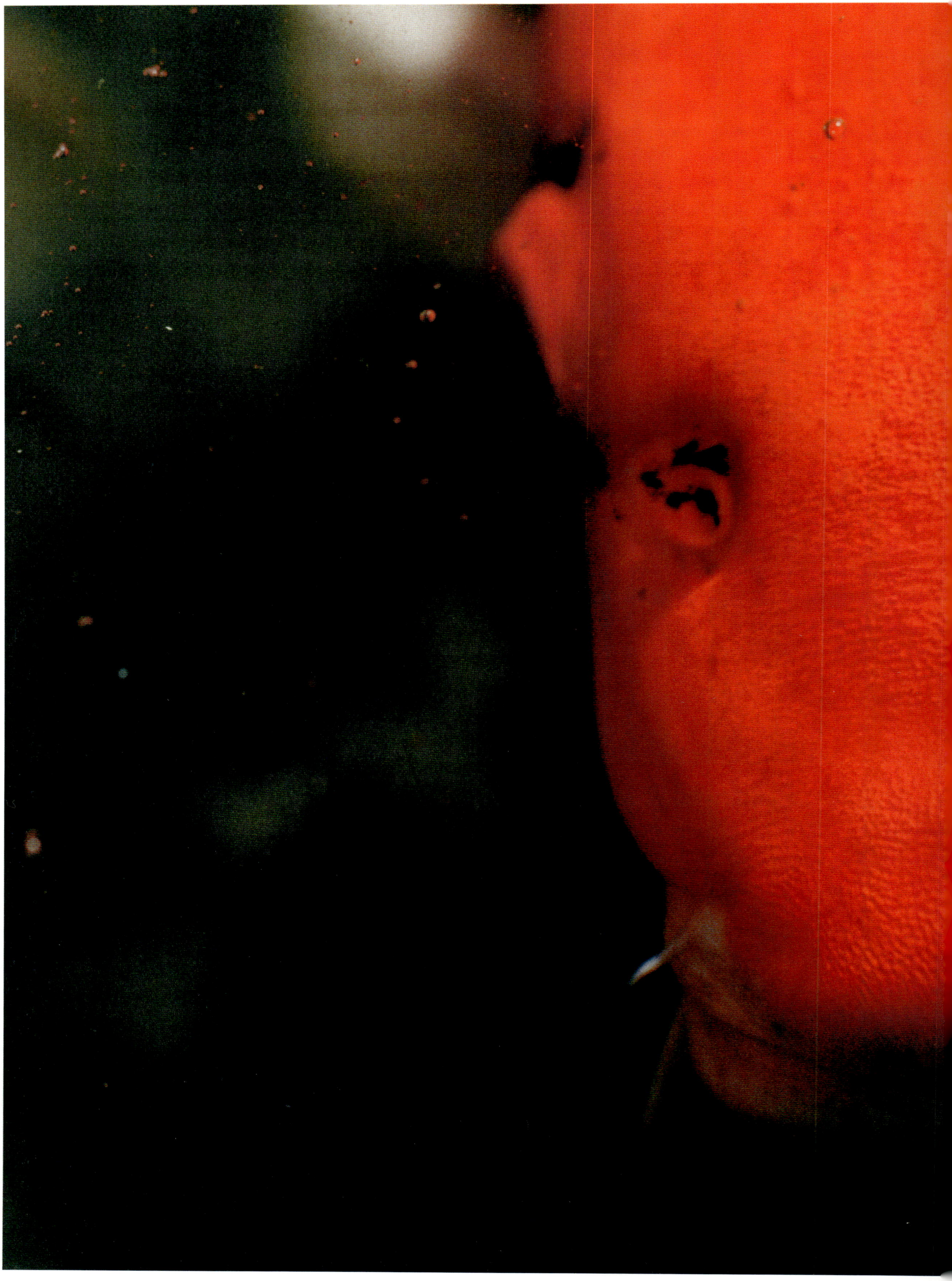

In einem Aufsatz von Franz Alt gelesen: »Das englische ›animal‹ (das Tier) kommt vom lateinischen ›anima‹ (die Seele). Diese Verwandtschaft von Mensch und Tier haben wir verdrängt.«

Vielleicht seid ihr Koi Buddhisten – doch einen von euch habe ich »Jean Paul« getauft, der ein Christ war. »Das Kind lerne alles tierische Leben heilig halten. Leben an sich sei heilig, jedes, auch das unvernünftige ... Oder soll das schlagende Herz unter Borsten, Federn, Flügeldecken darum keines sein?« Das schrieb Jean Paul. Und schon vor zweihundert Jahren spricht er vom »Kind, das Mensch und Tier vereint«.

Edward O. Wilson, Evolutionsbiologe, Harvard University: »Die mannigfachen Weisen, auf die der Mensch mit den übrigen Lebewesen verbunden ist, sind noch weitgehend unbekannt ...«

Folgende Seite:
»Jean Paul«

Der spanische Dichter Juan Ramón Jiménez schrieb in Gedanken an seinen Esel Platero: »Du, Platero, bist mir noch immer der liebste Alltagsfreund (so oft habe ich dir das schon gesagt!), lieber als jeder menschlich-männliche Freund. Die Frau ist ein anderer Fall, etwas Unvergleichliches, du verstehst schon, darüber brauchen wir nicht erst zu reden. Denn du leistest mir Gesellschaft und raubst mir nicht die Einsamkeit (das habe ich dir auch schon oft gesagt), oder umgekehrt ausgedrückt: du gewährst mir die Einsamkeit und läßt mich doch nicht allein. – Dir kann ich alles erzählen in meiner Begeisterung oder meinem Leid. Und du, deinerseits, so freundlich wie du bist, hast es nicht nötig, mich zu unterbrechen, bist dir selbst genug. Du sagst auch nicht zu mir, daß ich lächerlich oder selbstsüchtig sei, auch wenn du das vielleicht denkst; ernst und gedankenabwesend schweigst du dich aus. – Wie überlegen du bist, verglichen mit mir und allen anderen, Platero! Deshalb passen wir auch als Freunde so vortrefflich zusammen.« Nicht, daß ich mich mit dem spanischen Dichter vergleichen wollte – ich könnte ihm ebensowenig das Wasser reichen, wie sein Esel das Wasser euch reichen könnte (wenn es ihm gegeben wäre, es euch zu reichen) –, doch könnte ich über euch etwas Treffenderes schreiben?

Am Teich stand ein fremder Mann, und obwohl ich nie ein Bild des Dichters Juan Ramón Jiménez gesehen hatte, wußte ich, daß er es war.
Ich befürchtete, Platero könnte das Maul in den Teich tauchen und euch in Panik versetzen, und da mich der Dichter noch nicht bemerkt zu haben schien, lief ich rasch zum Brunnen, um dem Esel, der dort wartete, einen Kübel mit frischem Wasser zu füllen. Erst dann ging ich zum Teich und machte den Dichter mit euch bekannt.
»Das da«, sagte ich, »ist Grande Dame, ein Platinum.«
Platinum? Er habe gar nicht gewußt, daß Fische so ähnlich heißen wie Esel, sagte er.
Ob er dort den Braunen sehe, fragte ich. Sein Name sei »Ochiba Chigure«, was »schwimmendes Herbstlaub« bedeute.
»Er hat einen blauen Sattel«, sagte er. Dann fragte er, ob auch der gelbe Fisch einen Namen habe.
»›Yamabuki‹«, sagte ich. »Yamabuki ist ein gelbblühender Strauch.«
»Ja«, sagte er, »die Fische blühen.« Doch plötzlich verdüsterte sich sein Gesicht. »Ein schwarzer Fisch!« sagte er.
»›Hageshiro‹«, sagte ich.
»Hades«, sagte er.
»Der da ist noch schwärzer, sehen Sie?« sagte ich. »Er heißt ›Karasugoi‹, ›Krähenfisch‹.«
»Charons Fisch«, sagte er.
Wenn dieser Fisch bei meiner Überfahrt neben dem Kahn herschwimmen würde, sagte ich, hätte ich etwas, worauf ich mich im Tod noch freuen könnte, wenigstens am Anfang ...
Als ich aufblickte, war der Dichter verschwunden, und so sehr ich ihn auch suchte – ich fand nur noch den umgestoßenen Wasserkübel, der neben dem Brunnen lag wie ein abgestreifter übergroßer Maulkorb.
Da erwachte ich.

Es war jedoch sehr früh am Morgen, allzu früh, und so schloß ich die Augen wieder und befand mich alsbald mitten unter euch. Ich konnte atmen und wunderte mich, daß ich das Wasser nicht als Wasser spürte, aber ich war unter euch. Auf einmal wurde es dunkel, Platero tauchte das Maul in den Teich, und ich hörte den Dichter draußen sagen: »Sein rosa Maul erblüht wie eine kopfüber ins Wasser gefallene Rose ...« Doch der Esel bleckte die Zähne, als wollte er unter Wasser schreien, kam näher und näher – und da erwachte ich für diesen Morgen endgültig.
Als ich, ein Seiltänzer mit Kescher, bei Sonnenaufgang auf den Randsteinen entlangbalancierte, um eure nächtlichen Kotstränge abzufischen, verhedderte sich das Netz mit dem Traum, und beinahe hätte ich mich tatsächlich mitten unter euch befunden.

Wie oft im Leben habe ich es an Einfühlung fehlen lassen, weil ich begeistert war. Vor allem in der Jugend. Dabei war das, wofür ich mich begeisterte, die Begeisterung nicht immer wert, und unter Umständen war sie schuldhaft. Doch entstünde das Wenige, das einem im Leben gelingt, ohne Begeisterung?

Was würde ich euch wohl sagen, wenn ihr wissen wolltet, was ein Esel ist? Vielleicht: Ein Esel ist ein Überwassertier, das statt der Brust- und Bauchflossen vier Beine hat, und dessen Ohren euch ähneln, nur daß sie nicht annähernd so schön sind wie ihr.

Natürlich würde der spanische Dichter die Behauptung, die Ohren seines Esels Platero seien nicht annähernd so schön wie ihr, nicht auf ihm sitzen lassen, denn es gibt nichts Schöneres als das, was man liebt.

»Es gibt, Platero, Schönheiten, die alles überragen und durch nichts anderes verdunkelt werden können. Wie in deinem Gesicht die Augen der höchste Reiz sind, so der Stern in der Nacht und die Rose und der Falter im morgendlichen Garten.« Als Jiménez das schrieb, hatte er gewiß noch nie einen Koi gesehen, sonst hätte er euch erwähnt – bestimmt hätte er euch erwähnt!

Im Bewußtsein des Tieres gibt es keine Vergangenheit, aber Vergangenes. Wenn Nietzsche sagt, das Tier vergesse sofort, kann er nur den Augenblick als solchen meinen, nicht aber, was in diesem Augenblick geschah – zumindest nicht alles.

Der Mensch, der um Vergangenheit und Zukunft weiß, vergißt dagegen immer rascher, *was* geschieht. »Wir leben nicht in der Kontinuität, sondern in der Diskontinuität«, schreibt Max Picard. »Ein Eindruck, ein Gefühl oder ein Gedanke steht isoliert neben dem anderen – nein, er *steht* nicht neben dem anderen, sondern es *folgt* eines auf das andere, als ob das Vorhergehende gar nicht dagewesen wäre ... Es gibt überhaupt kein Objekt mehr. Das Objekt ist reduziert zum Ausfüllsel des Augenblicks.« Ein Hölderlin-Gedicht erhebe zwar zu einem Höheren, sagt Picard, aber es sei kein Inneres da, »in dem die Erhebung *bewahrt* werden könnte«.

»Die Schönheit der Dinge ist ein Aufruf an den Menschen, sich zu ihnen zu begeben und der Schönheit, die in ihnen ist, die andere Schönheit hinzuzufügen, die von der Wahrheit ausgeht, die der Mensch an den Dingen erkennen kann«, schreibt Picard. Bei euch Koi, die ihr selbstverständlich keine Dinge, sondern Wesen seid, gibt der Mensch neben der Schönheit, die von der Wahrheit ausgeht, das Seine auch an sinnlicher Schönheit hinzu. Er fing den blinden Zufall ein und nahm ihn in seine Dienste, um den Farben, die in euch sind, auf die Sprünge zu helfen.

In der Musikwelt steht »KV« für »Köchel-Verzeichnis«, in der umfassenderen Welt des Schönen könnte »KV« aber auch »Koiverzeichnis« bedeuten – ein Gedanke, der gewiß kein Sakrileg ist, denn wäret ihr Musik, dann wäret ihr von Mozart.

Um jedoch eine Verwechslung mit Ludwig Ritter von Köchels »Chronologisch-thematischem Verzeichnis sämtlicher Tonwerke Wolfgang Amadé Mozarts, nebst Angabe der verloren gegangenen, unvollständigen, übertragenen, zweifelhaften und unterschobenen Kompositionen desselben« zu vermeiden, werde ich die Abkürzung »FKV« verwenden, was »Farbkarpfenverzeichnis« heißt. Selbstverständlich wird es ebenso chronologisch sein wie das köchelsche und euch in der Reihenfolge anführen, in der ihr in meinen Teich gekommen seid. Keiner, der inzwischen verlorengegangen ist, wird fehlen.

Farbkarpfenverzeichnis (FKV)

1 銀 鱗 紅 白 *Gin Kohaku, Menkaburi.* Metallisch glänzender weißer Koi mit metallisch glänzender roter Zeichnung, die sich u.a. über den gesamten Oberkopf erstreckt.

2 黄 松 葉 *Ki Matsuba.* Gelber Koi mit schwarzbraunen Schuppenkernen, sog. Pinienzapfenmuster.

3 銀 鱗 黄 金 *Kinginrin Ogon.* Goldfarbener Koi mit irisierend glänzenden Schuppen.

4 光 無 地 *Platinum Ogon.* Metallisch glänzender weißer Koi.

5 昭 和 三 色 *Showa Sanshoku.* Schwarzer Koi mit weißer und roter Zeichnung.

6 秋 翠 *Goshiki Shusui.* Teilbeschuppter hell- und dunkelblauer Koi mit Weiß, Rot und Schwarz. Die Farben überlagern oder vermischen sich.

7 大 正 三 色 *Taisho Sanke.* Weißer Koi mit roter und schwarzer Zeichnung.

8 烏 鯉 *Karasugoi.* Schwarzer Koi mit gelborangenem Bauch.

9 白 写 *Shiro Utsuri.* Schwarzer Koi mit weißer Zeichnung.

10 花 秋 翠 *Hana Shusui.* Teilbeschuppter Koi, der vom Bauch bis zur Seitenlinie und von dieser bis zur Rückenflosse rotfarben ist. Das Rot der oberen Seitenpartie ist dunkler getönt, da es das Shusui-Blau überlagert. Die Schuppen sind vorwiegend dunkelblau. Der Kopf ist blaßblau gezeichnet, die Wangen sind rot.

11 孔 雀 *Orenji Kujaku.* Platinfarbener Koi mit großflächiger metallisch glänzender rotorangener Zeichnung und schwarzen Schuppenkernen.

12 光 模 様 *Orenji Doitsu Hariwake.* Teilbeschuppter platinfarbener Koi mit metallisch glänzender rotorangener Zeichnung.

13 緋 写 *Hi Utsuri.* Schwarzer Koi mit roter Zeichnung.

14 山 吹 黄 金 *Yamabuki Ogon.* Metallisch glänzender gelber Koi.

15 落 葉 時 雨 *Kin Ochiba Shigure.* Metallisch glänzender brauner Koi mit metallisch glänzender blauer Zeichnung.

16 近 代 昭 和 *Kindai Showa.* Showa Sanshoku mit größerem Weißanteil.

17 禿 げ 白 *Hageshiro.* Schwarzer Koi mit weißen Gesichtspartien und weißen Flossenspitzen.

18 浅 黄 *Asagi.* Bläulich beschuppter Koi mit roter Wangen-, Flanken- und Flossenzeichnung.

14 9 7 13

13 1 11

3 14 16

8

16 15 2

12 5

7 16

18 11

6

17

Koi werden über dreißig Jahre alt, so daß ihr mich, wenn ihr Glück habt, überleben werdet. Schade, daß ich euch nicht früher begegnet bin!

Aber früher hätte ich für euch keinen Teich gehabt.

Einen Parkteich, der euer würdig wäre, habe ich auch heute nicht, doch wenn ihr über die granitenen Randsteine hinwegblicken könntet, würdet ihr vom Frühjahr bis zum Spätherbst alle Blumen vorüberblühen sehen, die in einem Garten blühen können, und ihre Farben brauchten sich vor euren Farben nicht zu verstecken. Die ordinären Beete, auf denen der Kopfsalat auch für euch wächst, liegen hinter den Blumenrabatten, so daß ihr sie nicht zu Gesicht bekämt.

Doch ihr erblickt nur das Universum, und das ist euer ebenso würdig, wie ihr seiner würdig seid.

10

4

Gefragt, was mich bewogen hat, einen Teich anzulegen, antworte ich: der Wunsch meiner Frau.

Ihre Vorstellungen waren allerdings problematisch gewesen. Der Teich brauche nicht größer zu sein als ihre Wäschewanne, hatte sie gesagt. Sie hatte von Fröschen gesprochen, die in dem Teich laichen, und von Vögeln, die aus ihm trinken sollten. Der Einwand, das Wasser könnte am Abend ausgetrunken oder verdunstet sein, war ihr zum Glück bedenkenswert erschienen.

Da das Anwesen nicht uns gehört, erbat ich die Erlaubnis, einen alten Mostapfelbaum zu fällen, grub seine Wurzeln aus und stand schließlich in einem Loch von anderthalb Metern Tiefe – dem Urloch des heutigen Teiches.

In den Vorgängerteichen, die kleiner und nicht für Koi gedacht gewesen waren, hatte es tatsächlich von Fröschen und Kröten gewimmelt, und auch die Vögel waren nicht ausgeblieben. Während die Vögel noch immer kommen – ein Bachstelzenpärchen, das in einer Dachbalkenlücke nistet, zählt seit Jahren zur Teichfamilie –, sind die Frösche jedoch verschwunden. Wohl werfen sie ab und zu einen Blick in den Teich, lassen sich aber nicht in ihm nieder. Ich las, der Frosch fresse alles, was kleiner ist als er, versuche zu begatten, was gleichgroß ist, und fliehe alles Größere. Als noch Frösche im Teich lebten, waren die eingesetzten Moderlieschen und Bitterlinge binnen Jahresfrist deziminiert gewesen, und als nach einem strengen Winter die Eisdecke durchsichtig geworden war, entdeckten wir in ihr eine senkrechtstehende Goldorfe mit einem Frosch auf dem Rücken, der sie umklammert hielt. Die mächtigen Koi aber flößen den Fröschen Respekt ein.

Meine Frau ist jene Erscheinung, die sich an Schönwettertagen an eurem Teich vorbeistiehlt, bemüht, ihren Schatten nicht auf das Wasser fallen zu lassen, damit ihr ihn nicht für einen Reiherschatten haltet, denn in den Garten pflegt sie zu fliegen. Nach ihrer Landung ist die Gefahr, durch sie erschreckt zu werden, gering. Zwischen den Malven wird sie zur Malve, und gebeugt über die Erdbeeren zur Erdbeere, so daß ich sie am Abend pflücken muß.

Können Koi, die in einem Bassin im Haus überwinterten, im April noch nicht ins Freie, weil es ein Rollkragenpulloverapril ist, machen sich Frösche und Kröten die Abwesenheit der Fische zunutze und okkupieren den Teich, um in ihm abzulaichen. Ich trage dann die Pärchen, die Männchen auf den Weibchen hockend, zu einem entfernten Waldtümpel, damit ihre Nachkommen nicht in einem Koigewässer heranwachsen. Frösche und Kröten pflegen nach Jahren dorthin zurückzukehren, wo sie zur Welt gekommen sind, was, wie mir Richard Hilble versicherte, für den einen oder anderen Koi tödlich ausgehen könnte. Auf den Respekt vor größeren Fischen sei in Laichzeiten nämlich kein Verlaß – Frösche und Kröten besprängen auch Koi, die größer sind als sie selbst, und krallten sich dabei in den Augen der Fische fest. »Sie wissen doch«, sagte er, »Liebe macht blind.«

Lebte mein Vater noch, würde er euch Koi mögen, wie ihr ihn mögen würdet.
Als ich ein junger Mann war, half er mir einmal, eine alte hölzerne Zimmerdecke zu lackieren. Er zeigte mir, wie man es macht: Die Pinselborsten nur mit der Spitze eintauchen, am Dosenrand abstreifen und zwei, drei Zentimeter Brett streichen. Dann das Gleiche von vorn. Ich gab mir Mühe, mit ihm mitzuhalten. Nach drei Stunden, wir hatten um sechs Uhr morgens begonnen, richtete mein Vater wieder das Wort an mich: »Na?!« sagte er, und das bedeutete: Wir könnten eigentlich mal eine Pause machen.
Mein Vater würde Stunde um Stunde bei euch sitzen, und die Stille würde vollkommen sein.
Er war schweigsam, aber nicht verschlossen, denn immer war alles gesagt.
Auch zwischen euch und ihm würde immer alles gesagt sein.

Als Kind habe ich meine Mutter nicht nur einmal sagen hören: »Dann gehe ich in den Teich!« In der Nähe des Arbeitermietshauses, in dem wir ein schmales Zimmer und eine Dachkammer bewohnten, befanden sich mehrere Teiche, die dem Bauer Bahner gehörten. Der »große Bahnerteich« stand für »letzter Ausweg« und war zugleich eine Drohung.
Der Teich mit euch Koi hätte meiner Mutter gefallen. Doch hättet ihr euch auf den Grund zurückgezogen, denn sie war ein Quirl.
Ohne diesen Quirl aber wäre das Leben ungezählte Male angebrannt.

Wenn einer von euch Koi in der Sonne aus dem Wasser springt, zwei-, dreimal hintereinander, so daß es Regenbögen stäubt und kracht, wenn er auf dem Wasserspiegel aufschlägt, oder ihr euch im Vollgefühl eurer Kraft auf die Seite legt und mit Karacho am Teichgrund entlangscheuert, dann will den Kindern vor Schreck und Entzücken der Mund nicht mehr zufallen.
Der Fernseher steht auf der anderen Seite der Welt.

Ich beneide euch um eure Siesta! Bei sechsunddreißig Grad im Schatten liegt ihr auf dem Grund – in Reih und Glied, als sei der Mittag ein Unteroffizier, aber einer, der ein Auge zudrückt, denn statt mit dem Gesicht zu ihm zu liegen, streckt ihm der eine von euch die Schwanzflosse entgegen. Ein solcher Unteroffizier ließe sich ertragen! Wie gern würde ich mich dann zu euch legen und die Überwasserwelt die Welt sein lassen über Wasser.

Richard Hilble hat aus Japan einen Koi mitgebracht, den er »Miró« nennt, da er von Miró entworfen worden sein könnte. Das Außergewöhnlichste an diesem modern gezeichneten weiß-rot-schwarzen Fisch sind ein Stirnstreifen in Gelb und als Pendant dazu ein gelbes Mal am Maul. Das Gelb könne sich jedoch noch verlieren, sagte Richard Hilble, was den Wert des Fisches erhöhen würde – Gelb gelte für Koi seiner Art als Fehlfarbe.
Miró zählt nicht.
Ich hätte den Koi wegen des Gelbs erstanden – in der Hoffnung, daß es sich nicht verliert.

Kein Preisrichter wird einen goldfarbenen Koi mit orangenen Ausfärbungen auf der Nase des Blickes würdigen, auch wenn seine Schuppen schimmern und glänzen, als seien sie aus Schildpatt, Perlmutt und Sternenlicht in einem. Den Preisrichtern sei Dank! Ihr hartes Urteil verwandelt die winzigen orangenen Punkte in harte Dollar, die vom Kaufpreis abgezogen werden, und in den Teich fällt ein funkelnder Fisch – auf der Nase ein paar Sommersprossen.

In mancher Hinsicht bekäme der rot- und schwarzgezeichnete weiße Koi gewiß gute Noten: Das satte strahlende Rot erstreckt sich in zwei großen, fast symmetrisch ausgebuchteten Flecken über Kopf und Rücken. Zum Weiß, das rein und transparent ist, sind die Grenzen scharf, und die tiefschwarzen Einsprengsel erhöhen die Leuchtkraft der anderen Farben, ohne jedoch auf dem Kopf zu erscheinen, wo sie unerwünscht wären. Die wenigen schwarzen Flossenstreifen gelten als elegant.

Trotz ansehnlicher Korpulenz wirkt der Fisch schlank, und seine Pausbäckigkeit dürfte den Kenner entzücken.

Als Makel würde man vermerken, daß das Rot zu tief ins Gesicht und bis unmittelbar an die Schwanzflosse reicht.

Was aber will das alles besagen, wenn man bedenkt, daß dieser Koi auf Zuruf die Richtung ändert, nach oben blickt, den Rufenden erkennt und auf ihn zuschwimmt?

»Das Tier«, sagt Nietzsche, »geht auf in der Gegenwart, wie eine Zahl, ohne daß ein wunderlicher Bruch übrig bleibt, es weiß sich nicht zu verstellen, verbirgt nichts und erscheint in jedem Momente ganz und gar als das, was es ist, kann also gar nicht anders sein als ehrlich.« Doch ihr Koi wäret nicht allein deshalb ungeeignet für das menschliche Dasein – ihr habt auch keine Zähne, zumindest keine, die man zeigen kann.

Nie nehmt ihr das Maul zu voll. Während das Mahlwerk mahlt in eurem Schlund, dreht ihr im Teich die Runde, dann füllt ihr den Trichter von neuem, bis alles gemahlen ist. Ihr seid schwimmende Mühlen.

Trete ich mit aufgespanntem Regenschirm an den Teich, geratet ihr außer euch: Ihr jagt hin und her und beruhigt euch erst, wenn ich den Schirm schließe und meine Haut eurem Element überlasse. Einen ruhig gehandhabten weißen Kescher zum Abfischen feinen Schmutzes unterschwimmt ihr spielerisch, einen schwarzen flieht ihr in Panik. Alles, was den Himmel verdunkelt, entsetzt euch.

Ich sitze vor eurem Teich wie der Bettler vor seiner Schale. Die Vögel werfen ihren Schatten hinein und die Wolken ihr Bild. Die Sonne, wenn sie vorüberkommt, gibt meist reichlich, und ihr Koi vervielfacht, was sie gibt.

Doch bettle ich mich nur selbst an und zähle, was ich noch geben kann.

Juan Ramón Jiménez riet: »Laß keinen Tag verstreichen, ohne daß du ein Papier zerreißt.« In dieser Hinsicht schulde ich nur dem Wald Abbitte, denn ich habe mehr Papier zerrissen, als ich bisher Lebenstage hatte. Und Besserung ist nicht in Sicht, denn wer auf die Siebzig zugeht, kann gar nicht genug Papier zerreißen.

Doch sollte, wer auf die Siebzig zugeht, auch kein Papier zuviel zerreißen – vor allem dann nicht, wenn er Verbündete hat wie euch Koi.

Die Schönheit, die am meisten bewunderte Zauberin der Welt, hatte im Königreich diesseits des Flusses den Königssohn und im Königreich jenseits des Flusses die Königstochter so schön werden lassen, daß man bis dahin zwei ähnlich schöne Königskinder nie gesehen hatte, und als die beiden alt genug geworden waren, um sich zu verlieben, verliebten sie sich leidenschaftlich ineinander. Die Eltern des Königssohns hatten aber bereits bestimmt, daß er die Prinzessin aus dem mächtigen Königshaus hinter den sieben Bergen heiratet, denn sie dachten, je mächtiger er wäre, desto glücklicher würde er sein, und die Eltern der Königstochter hatten diese bereits dem Prinzen aus dem reichen Königshaus hinter den sieben Seen versprochen, denn sie dachten, sie würde desto glücklicher sein, je reicher sie wäre. Doch als der Tag gekommen war, an dem sich der Königssohn und die Königstochter auf immer voneinander trennen sollten, beschlossen sie, lieber gemeinsam zu sterben, und stürzten sich Hand in Hand kopfüber in den tiefen reißenden Fluß. Die Schönheit aber, die große Zauberin, hatte alles beobachtet, und als die beiden das Wasser mit der Stirn berührten, verwandelte sie das Paar in zwei niegesehen schöne Fische.
So entstand das Königsgeschlecht der Koi.
Davon, wie die Koi aus dem Märchen ins wirkliche Leben gelangten, ist nur überliefert, daß sie eines Tages in China im Wasser geschwommen sind. Vielleicht war es auch in Japan, wer weiß!

Ich danke den Mitarbeiterinnen und Mitarbeitern der Fa. Kaps, Passau, die über Jahre verläßlich die Filme entwickelten, sowie Monika Schmidt und Franz Hintermann, Fotolabor Hintermann, Waldkirchen/Bayerischer Wald, für die dem Buch zugrundeliegenden makellosen Abzüge.

Die Koi dieses Buches danken für ihr Wohlergehen den Firmen Aquarium-Duscher, Passau, und Sakanya (Richard Hilble), Markdorf, sowie Herrn Dr. Oskar Schachner, Institut für Hydrobiologie, Fisch- und Bienenkunde der Veterinärmedizinischen Universität Wien.

Fotografiert wurde mit einer Canon EOS-1N (Macro Objektiv EF 100 mm 1:2,8 USM)
auf Filmmaterial Agfa optima.

Die Fische wurden nicht mit einer Unterwasserkamera, sondern ausnahmslos vom Teichrand
aus aufgenommen.